¡Todos a Celebrar!

A Hispanic Customs & Traditions Alphabet Book

Dr. Ma. Alma González Pérez

¡Todos a Celebrar!

A Hispanic Customs & Traditions Alphabet Book

Published in the United States by Del Alma Publications, LLC, Texas
Book design by Maricia Rodríguez & Teresa Estrada
Photography by Del Alma Publications, LLC except for Abrazo ©Reiver Rodríguez,
Xochimilco ©Jessica Pichardo / Shutterstock.com, and Zócalo ©Bill Perry / Shutterstock.com

Front cover: Children dancing the *jarabe tapatío* (Mexican Hat Dance)

Our books may be purchased in bulk for educational use.
Please contact us at delalmapublications@gmail.com.

ISBN-13 978-0-9822422-4-7
Library of Congress Control Number: 2018908875

Printed in China

First Edition

Meeting the Biliteracy Challenges of the Hispanic Learner

For a variety of teaching tools, visit us at www.delalmapublications.com

DEDICATORIA

Dedico este libro a los niños hispanos
de los Estados Unidos
con el gran deseo de que sigan
amando y valorando la cultura de su gente
y, así, legarla a los niños de sus niños.
M.A.G.P

DEDICATION

I dedicate this book to the Hispanic children
of the United States
with the great desire that they will continue
to love and to cherish the culture of their people
and, thus, pass it on to the children of their children.
M.A.G.P.

PREFACIO

Las costumbres y tradiciones hispanas han trascendido fronteras, especialmente en los Estados Unidos donde los hispanos, cuya mayoría son de descendencia mexicana, se han convertido en la minoría más grande. Por lo tanto, es sumamente importante que los niños de todas las nacionalidades aprendan más sobre estas costumbres y tradiciones que están tan bien cimentadas en la cultura hispana.

Es también de suma importancia que los niños hispanos, en particular, lean más sobre su cultura para un mayor entendimiento sobre las muchas contribuciones de sus antepasados a la cultura americana. En efecto, lograrán así más apreciación de su cultura, de su gente y de su historia.

Este abecedario sobre las costumbres y tradiciones hispanas puede ser utilizado principalmente para la lectura oral y compartida o para la lectura en pareja o independiente. Tiene un doble propósito: desarrollar el conocimiento sobre las costumbres y tradiciones hispanas y/o proveer la extensión del aprendizaje.

Cada descripción es acompañada por una pregunta por la cual el/la maestro(a) o padre de familia puede pedir una respuesta oral como parte del desarrollo del idioma oral o como una tarea escrita como respuesta a la lectura. Este libro también se puede utilizar como fuente de referencia sobre las costumbres y tradiciones hispanas. Más importante aún, es nuestro gran deseo que este libro sea útil para el aula bilingüe y que a la vez también sea de su más completo agrado.

PREFACE

Hispanic customs and traditions have transcended borders, especially in the United States where Hispanics, most of whom are of Mexican descent, have become the largest minority. It is, therefore, critically important that children of all nationalities learn more about these customs and traditions that are so deeply rooted in the Hispanic way of life.

It is also very important that Hispanic children, in particular, read more about their culture for a better understanding of the many contributions of their ancestors to the American way of life. In so doing, they will, thus, gain greater appreciation of their culture, their people, and their history.

This alphabet book on Hispanic customs and traditions may be utilized primarily as a read-aloud and shared reading or for paired or independent reading. Its purpose is twofold: to build background about Hispanic customs and traditions and/or to provide extension of learning.

Each description is followed by a question which the teacher or parent may choose to solicit an oral response as part of oral language development or as a written assignment for reader response. This book may be also used as a reference source on Hispanic customs and traditions. Most importantly, it is our greatest hope that this book will be useful for the bilingual classroom and, at the same time, that you will also enjoy it as well.

Aa es para abrazo.

El abrazo es un saludo caluroso, especialmente cuando hace tiempo de no ver a un familiar o a un ser querido. Un abrazo también expresa agradecimiento o amistad. ¿Cómo te sientes cuando recibes un abrazo?

Aa is for *abrazo.*

The *abrazo* or embrace is a warm greeting, especially when one has not seen a family member or a loved one for a long time. An *abrazo* also expresses appreciation or friendship.

How do you feel when you receive an *abrazo*?

Bb es para bendición.
Los padres y abuelos les dan la bendición a sus hijos al acostarse o al despedirse. Se les da la bendición, especialmente el día de su boda.

¿Tiene tu familia esta costumbre?

Bb is for *bendición*.
Parents and grandparents bless their children at bedtime or upon bidding farewell. A blessing is given especially on the day of their wedding.

Does your family have this custom?

Cc es para cascarones.

Los cascarones se colorean y se llenan de confeti para la diversión del domingo de Pascua. Luego, los niños, se los quiebran en la cabeza.

¿Has decorado cascarones?

Cc is for *cascarones*.

Cascarones or egg shells are dyed or colored and filled with confetti for Easter Sunday fun. Then, children break the *cascarones* on their heads.

Have you decorated *cascarones*?

Dd es para dichos.

La cultura hispana es muy rica en el uso de dichos para toda ocasión. Se pasan de padres a hijos. Se les llama también refranes o proverbios.

¿Has oído dichos en tu familia?

Dd is for *dichos.*

Hispanic culture is very rich in the use of sayings or *dichos* for every occasion. They are passed from parents to children. They are also called *refranes* or proverbs.

Have you heard any sayings in your family?

Ee es para español.

La mayoría de los hispanos hablan el español. Es el tercer idioma más hablado en el mundo y es el más estudiado como segundo idioma en los Estados Unidos.

¿Has estudiado el español?

Ee is for *español*.

The majority of Hispanics speak Spanish. It is the third most spoken language in the world, and it is the most studied as a second language in the United States.

Have you studied Spanish?

Ff es para flamenco.

El flamenco es un baile tradicional del sur de España. Combina música de guitarra, canto y baile con palmas y castañuelas. Los trajes son elegantes y coloridos.

¿Has visto un baile de flamenco?

Ff is for *flamenco.*

Flamenco is a traditional dance from southern Spain. It combines guitar music, song, and dance with *palmas* (handclapping) and castanets. The costumes are elaborate and colorful.

Have you seen a *flamenco* dance?

Gg es para gol.

El fútbol es un deporte muy popular en países hispanos. El objetivo es introducir la pelota al arco contrario. A esto se le llama "meter un gol."

¿Has jugado en un partido de fútbol?

Gg is for *gol.*

Soccer is a very popular sport in Hispanic countries. The objective is to drive the ball into the opposite team's goal. This is known as scoring a goal (*gol*).

Have you played in a soccer game?

Hh es para huipil.

El huipil es una túnica tradicional indígena. Puede ser corta como blusa o larga como un vestido. Los diseños bordados y coloridos tienen un significado especial.

¿Has visto a alguien vestir un huipil?

Hh is for *huipil.*

The *huipil* is a traditional indigenous tunic. It can be short as a blouse or long as a dress. The embroidered and colorful designs have a special meaning.

Have you seen someone wear a *huipil?*

Ii es para iglesia.

Las costumbres religiosas son muy importantes en la cultura hispana. Las familias enteras se reúnen en la iglesia para celebrar bautizos, bodas y quinceañeras.

¿Has participado tú en un evento religioso?

Ii is for *iglesia*.

Religious customs are very important in the Hispanic culture. Entire families gather in church (*iglesia*) to celebrate baptisms, weddings, and *quinceañeras*.

Have you participated in a religious event?

Jj es para *jarabe tapatío*.

El jarabe tapatío es el baile nacional de México. Este baile folklórico celebra el cortejo entre un hombre y una mujer. También se le conoce como el baile del sombrero.

¿Has bailado el jarabe tapatío?

Jj is for *jarabe tapatío*.

The *jarabe tapatío* is the national dance of Mexico. This folkloric dance celebrates the courtship between a man and a woman. It is also known as the Mexican Hat Dance.

Have you danced the *jarabe tapatío*?

Kk es para kermés.

Una kermés o jamaica es un festival para celebrar días de fiesta. Hay juegos, comida y diversión para la familia. Se celebra en una plaza o en una iglesia.
¿Has ido a una kermés?

Kk is for *kermés.*

A *kermés* or *jamaica* is a festival to celebrate holidays. There are games, food, and fun for the family. It is celebrated in a *plaza* or in a church.

Have you been to a *kermés*?

Ll es para lotería.

La lotería es un juego muy divertido como el *bingo*. Usa figuras de personas como el soldado y objetos como la bota o la rosa en vez de números. Se grita "lotería" al ganar. ¿Has jugado a la lotería?

Ll is for *lotería*.

Lotería is a very exciting game similar to bingo. It uses figures of persons like the soldier and objects like the boot or the rose instead of numbers. People call out *"lotería"* when they win.
Have you ever played *lotería*?

Mm es para merienda.

Las familias y amigos se reúnen a media tarde para la merienda. Disfrutan de un chocolate o café con pan dulce y una grata conversación.

¿Tiene tu familia esta costumbre?

Mm is for *merienda.*

Families and friends gather at mid-afternoon for the *merienda.* They enjoy chocolate or coffee with pastry and a pleasant conversation.

Does your family have this custom?

Nn es para Nochebuena.

La Nochebuena se celebra a la medianoche del 24 de diciembre. Las familias enteras comparten la cena, van a la iglesia y luego se reúnen para abrir los regalos.

¿Se celebre la Nochebuena en tu familia?

Nn is for *Nochebuena*.

Nochebuena or Christmas Eve is celebrated December 24 at midnight. Entire families share dinner, go to church, and then they gather to open gifts.

Does your family celebrate Christmas Eve?

Oo es para mal de ojo.

El mal de ojo se basa en la creencia popular que la mirada de una persona hacia alguien les puede causar daño. A los niños se les pone un "ojo de venado" para protegerlos.
¿Has visto un "ojo de venado"?

Oo is for *mal de ojo*.

Mal de ojo or evil eye is based on the popular belief that the stare of a person toward someone can cause them harm. An amulet called "*ojo de venado*" is put on children to protect them.
Have you seen an "*ojo de venado*"?

Pp es para piñata.

Las piñatas son populares en fiestas de cumpleaños para niños. Hay gran variedad de figuras y caricaturas. También se le llama piñata a la fiesta de cumpleaños.

¿Has ido a una piñata?

Pp is for *piñata*.

Piñatas are popular in children's birthday parties. There is a great variety of figures and cartoon characters. The birthday party is also called a *piñata*.

Have you been to a *piñata* party?

Qq es para quinceañera.

Una quinceañera es una joven que cumple 15 años. Se viste de gala para la celebración. Se le llama también quinceañera o quince a la fiesta de quince años.

¿Has ido a una quinceañera?

Qq is for *quinceañera*.

A *quinceañera* is a young lady who has turned 15 years of age. She dresses elegantly for the celebration. The words *quinceañera* or *quince* are also used to refer to the 15th birthday party.

Have you been to a *quinceañera*?

Rr es para rosca de reyes.
La rosca de reyes es un pan dulce en forma de corona para celebrar el Día de los Reyes Magos el 6 de enero. Dentro se encuentra un niño que representa al niño Jesús.
¿Has probado la rosca de reyes?

Rr is for *rosca de reyes*.
The *rosca de reyes* is a bread in the form of a crown to celebrate the Feast of the Epiphany on January 6th. Within it, one can find a baby that represents the baby Jesus.
Have you tasted the *rosca de reyes*?

Ss es para serenata.

La serenata es un regalo de música con mariachis a una novia o a una madre. Se cantan varias canciones al frente de una ventana o balcón. Casi siempre es a la medianoche.

¿Le han llevado serenata a alguien en tu familia?

Ss is for *serenata.*

The *serenata* or serenade is a gift of music with *mariachis* to a sweetheart or a mother. They sing several songs in front of a window or balcony. This is usually at midnight.

Has anyone in your family been serenaded?

Tt es para tamalada.
La tamalada es una reunión de familiares y amigos para hacer una gran cantidad de tamales. Los tamales se sirven en ocasiones especiales como fiestas o Navidad.
¿Has ayudado en una tamalada?

Tt is for *tamalada*.
The *tamalada* is a gathering of family and friends to make a large amount of *tamales*. *Tamales* are served on special occasions, like parties or Christmas.
Have you helped in a *tamalada*?

Uu es para usted.

El "usted" se usa como respeto o cortesía a personas mayores como padres, abuelos o maestros. También se usa para dirigirse a personas desconocidas.

¿Usas "usted" cuando te diriges a tus papás?

Uu is for *usted*.

"*Usted*" is used to show respect or courtesy to older persons like parents, grandparents, or teachers. It is also used to direct ourselves to persons we may not know.

Do you use "*usted*" when speaking to your parents?

Vv es para "La víbora de la mar."
"La víbora de la mar" es un juego infantil tradicional.
Los niños marchan tomándose de la mano bajo un arco
cantando la canción. Escogen entre melón o sandía.
¿Has jugado a "La víbora de la mar"?

Vv is for *"La víbora de la mar."*
"La víbora de la mar" is a traditional children's game. Children march
holding hands through an arch as they sing the song. They choose
between *melón* or *sandía* (cantaloupe or watermelon).
Have you played *"La víbora de la mar"*?

W es para Wilfredo y Wlfrano.

No hay muchas palabras en español que empiecen con la letra "W." Wilfredo y Wlfrano son algunos ejemplos. Se usa casi siempre para escribir palabras extranjeras. ¿Qué otras palabras empiezan con la "W" en español?

W is for Wilfredo and Wlfrano.

There are not too many words in Spanish that begin with the letter "W." Wilfredo and Wlfrano are some examples. It is mostly used to write foreign words.

What other words begin with "W" in Spanish?

Xx es para Xochimilco.

Xochimilco es el famoso parque de la ciudad de México. Es conocido por sus jardines flotantes o chinampas. Las familias disfrutan de paseos en barquitos o trajineras. ¿Has ido tú a Xochimilco?

Xx is for Xochimilco.

Xochimilco is the famous park in Mexico City. It is known for its floating gardens or *chinampas*. Families enjoy rides on little flat-bottomed boats known as *trajineras*.

Have you been to Xochimilco?

Yy es para yerba mate.

La yerba mate es un té de un árbol nativo de las selvas de Sur América. Es conocido como una bebida cultural. Se sirve en una calabaza también llamada "mate."

¿Has oído de la yerba mate?

Yy is for *yerba mate*.

Yerba mate is a tea made from a native tree found in the jungles of South America. It is known as a cultural drink. It is served in a gourd also named *mate*.

Have you heard about *yerba mate*?

Zz es para Zócalo.

El Zócalo es la plaza principal de la Ciudad de México. La plaza forma el corazón de actividad en los pueblos hispanos. Allí se celebran muchas clases de eventos.

¿Hay una plaza en tu pueblo o ciudad?

Zz is for Zócalo.

El *Zócalo* is the main *plaza* in Mexico City. The *plaza* forms the heart of activity in Hispanic towns. Many kinds of events are celebrated there.

Is there a *plaza* in your town or city?

PAÍSES DE HABLA HISPANA
Spanish-speaking Countries

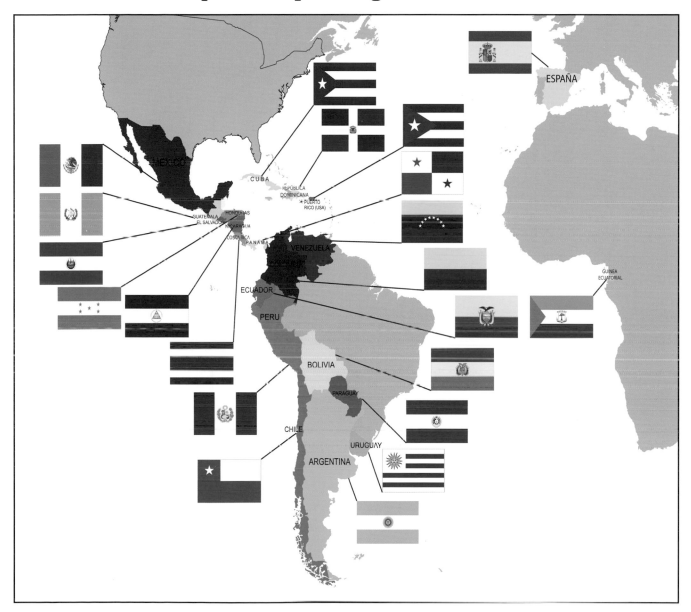

*Estado Libre Asociado de Puerto Rico / Commonwealth of Puerto Rico

GLOSARIO FOTOGRÁFICO
Objetos Culturales

el balón

la calabaza de mate

las castañuelas

los cascarones

el traje folklórico

la lotería

PICTURE GLOSSARY
Cultural Objects

las maracas

el ojo de venado

el rebozo

el sombrero

la última muñeca

el zarape

AGRADECIMIENTOS

Es con un gran sentido de gratitud que deseo dar nuestro reconocimiento por la colaboración y el consentimiento de los padres que tan amablemente nos concedieron que sus niños, con sus sonrisas y alegría, le dieran vida al contenido de este abecedario. Les agradecemos infinitamente y ojalá que con el pasar del tiempo, este libro les traiga gratos recuerdos de la niñez de sus hijos.

Muy en especial también deseo dar mis más sinceras gracias a la Asociación del Natalicio de George Washington de Laredo, Texas tanto como a su representante el Sr. Nino Cárdenas y a su fotógrafo el Sr. Reiver Rodríguez por su autorización para incluir una foto de los niños de su tradicional celebración del Abrazo entre las dos ciudades hermanas de Laredo, Texas y Nuevo Laredo, Tamaulipas. Es un gran placer incluirlos en este libro para niños.

Además, deseo agradecerle a la Sra. Ma. Eva Uribe Ramírez por abrirnos las puertas de la casa histórica de sus padres para tomar algunas de las fotos y a la vez a la Sra. Esther González de *Los Pasteles Bakery* por su amable coloboración. También le agradezco muy en particular al autor José Chávez por sus valiosas sugerencias.

Finalmente, deseo expresar mi agradecimiento, no tan sólo por la fotografía y el diseño de este libro, sino más importante aún, por el entusiasmo y el esfuerzo de Maricia Rodríguez y Teresa Estrada en convertir esta idea en realidad. Es para ustedes, los niños preciosos, que les hemos traído el esplendor de la cultura hispana a sus hogares y a sus salones de clase a través de este libro. ¡Es nuestro gran deseo que lo disfruten!

ACKNOWLEDGEMENTS

It is with a great sense of gratitude that I wish to acknowledge the collaboration and consent of the parents who so graciously allowed their children, with their smiles and joy, to bring to life the contents of this alphabet book. We appreciate it wholeheartedly, and we hope that with the passage of time, this book will bring beautiful memories of the childhood of their children.

I also wish to give my sincerest thanks to the Washington Birthday Celebration Association of Laredo, Texas, their public relations spokesman Mr. Nino Cárdenas and their photographer Mr. Reiver Rodríguez for their authorization to include a photo of the children of their traditional *Abrazo* ceremony between the two sister cities of Laredo, Texas and Nuevo Laredo, Tamaulipas. It is a great pleasure to include them in this children's book.

In addition, I wish to thank Mrs. Ma. Eva Uribe Ramírez for opening the doors of her parents' historical home to take some of the photographs and also to Mrs. Esther González of Los Pasteles Bakery for her kind collaboration. Very especially as well, I appreciate the valuable suggestions of author José Chávez.

Finally, I wish to express my appreciation, not only for the photography and the design of this book, but most importantly, for the enthusiasm and the heart of Maricia Rodríguez and Teresa Estrada in converting this idea into reality. It is for you, the beautiful children, for whom we have brought the splendor of the Hispanic culture into your homes and classrooms through this book. It is our greatest hope that you will enjoy it!

SOBRE LA AUTORA

La Dra. Ma. Alma González Pérez es proponente de la educación bilingüe y dual. Es autora de varios libros bilingües galardonados para niños, entre ellos *¡Todos a comer! – A Mexican Food Alphabet Book* (Del Alma Publications, 2017). Nacida y criada en Ramireño, Texas, una pequeña comunidad rural en la frontera de Texas y México, la Dra. Pérez ha vivido en un verdadero mundo bilingüe y bicultural.

Entre los descubrimientos claves de su tésis del doctorado fue la relación positiva entre la proficiencia del español y el rendimiento académico. La Dra. Pérez fue profesora de educación bilingüe y directora del plantel de la Universidad Panamericana (ahora UTRGV) en el condado de Starr, el cual se especializa en el entrenamiento de maestros bilingües.

La Dra. Pérez ahora disfruta el escribir libros bilingües para niños, poesía en español, e historia local tanto como compartir su trabajo con maestros y alumnos a través del país. La Dra. Pérez, está disponible a través de www.dralmagperez.com para organizar presentaciones y talleres.

ABOUT THE AUTHOR

Dr. Ma. Alma González Pérez is an advocate for bilingual and dual language education. She is the author of several award-winning children's bilingual books, among them *¡Todos a comer! – A Mexican Food Alphabet Book* (Del Alma Publications, 2017). Born and raised in Ramireño, Texas, a small rural community along the Texas-Mexico border, Dr. Pérez has lived in a truly bilingual, bicultural world.

Among the key findings of her doctoral dissertation, "The Relationship Between Spanish Language Proficiency and Academic Achievement Among Graduates of a Small High School in South Texas," was the POSITIVE relationship between Spanish language proficiency and academic achievement. Dr. Pérez served as an assistant professor of bilingual education and founding director of The University of Texas–Pan American (now UTRGV) Starr County campus in Rio Grande City, Texas, which specializes in the training of bilingual education teachers.

Dr. Pérez now enjoys writing children's bilingual books, Spanish poetry, and local history as well as sharing her work with teachers and students across the country. Dr. Pérez is available via her website www.dralmagperez.com for presentations and workshops.